AF339927

LEÇON

SUR

L'AMORTISSEMENT,

PAR

P. BRAVARD-VEYRIÈRES,

PROFESSEUR DE DROIT COMMERCIAL A LA FACULTÉ
DE DROIT DE PARIS.

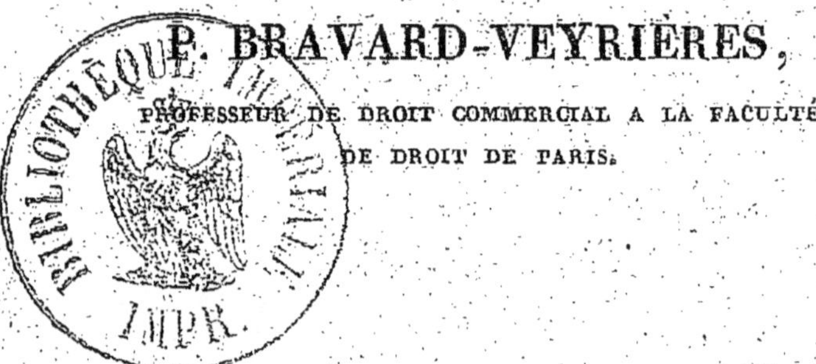

PARIS

IMPRIMERIE DE HENRI DUPUY,

RUE DE LA MONNAIE, N. II.

1833

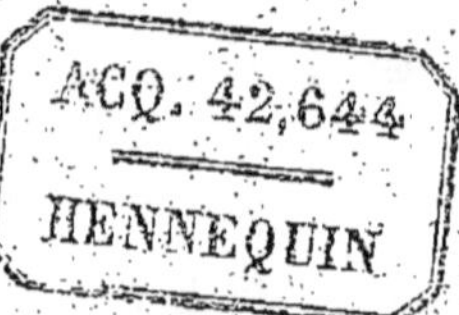
ACQ. 42,644
HENNEQUIN

AVANT-PROPOS.

Quand la Chambre des députés s'occupa de l'amortissement, je reçus des lettres de plusieurs de mes élèves qui me demandaient des explications sur cette matière difficile, abstraite, peu connue, et sur laquelle il n'existe aucun ouvrage où l'on puisse l'étudier. Voici entre autres une de ces lettres, que je transcris ici parce que je l'ai lue à mon cours.

« Monsieur,

» Quand vous avez traité des effets publics, vous ne nous
» avez rien dit de l'*amortissement*. A en juger par les débats
» actuels de la Chambre des députés, la question de l'amor-
» tissement est d'un haut et puissant intérêt. Quoique je
» sente que cela est étranger aux matières que vous nous
» enseignez avec un zèle si éclairé et si consciencieux, je

» crois être l'interprète de tous ou presque tous mes condis-
» ciples en vous priant de nous donner quelques notions gé-
» nérales sur un objet d'une si grande importance.

» J'attends, Monsieur, de votre obligeance que vous vou-
» drez bien ne pas nous refuser les éclaircissemens que nous
» réclamons de vos lumières.

» Agréez, etc. »

Ne pouvant résister à ces instances pres-
santes, réitérées, et dictées par le motif le
plus louable ; et d'un autre côté ne pouvant me résoudre à dérober à l'enseignement du droit commercial, dont je suis
spécialement chargé, la moindre partie du
temps que je dois lui consacrer, je pris
un parti qui me parut propre à tout conci-
lier : j'annonçai qu'après une de mes leçons
sur le droit commercial, je ferais une
leçon supplémentaire et exceptionnelle sur
l'amortissement.

C'est, en effet, ce qui a eu lieu ; j'y ai
consacré deux séances. Dans la première,
toute *d'exposition*, j'ai fait connaître la
nature et l'origine de l'amortissement, les
lois qui l'ont fondé et réglementé, sa ma-

nière d'opérer par le système de l'intérêt composé, la puissance et les résultats de ce système.

Dans la seconde séance, toute de *discussion*, j'ai apprécié le système de l'amortissement, j'en ai dit mon sentiment, et j'ai fait justice de beaucoup de raisons qu'on allègue en sa faveur à chaque instant et partout.

Mes auditeurs, que ces explications et cette discussion ont vivement intéressés, m'ont exprimé, en grand nombre, le désir de les voir imprimer. J'aurais cependant hésité à les livrer à l'impression, à laquelle elles n'étaient nullement destinées, si deux autres motifs ne m'y avaient déterminé.

1°. Il n'existe sur l'amortissement, à ma connaissance du moins, aucun traité explicatif ni dogmatique, mais seulement des articles polémiques, épars dans les journaux, dans les revues, et qui, comme les discussions des Chambres sur le même sujet, ne peuvent être compris que par ceux qui possèdent déjà la matière. Or j'ai fait, dans la première partie de ma leçon, un exposé de l'amortissement, que j'ai pris à son origine, en m'attachant à suivre et à signaler sa marche et ses progrès, et surtout à bien faire comprendre son mode d'action et d'opération ; en un mot, j'ai réuni et resserré dans un cadre étroit mais complet toutes les notions dont les discussions des Chambres et des journaux présupposent la connaissance, indispensable à qui veut les comprendre. De plus, m'adressant à des jeunes gens fort instruits, mais étrangers à cette matière, dont la plupart d'entre eux entendaient parler pour la première fois, peut-être ; connaissant d'ailleurs, par l'expérience de mon enseignement, tout le prix d'une extrême clarté, j'ai dû me servir et je me suis servi en effet de la langue usuelle et familière à tous ; j'ai évité avec soin le langage technique des hommes de bourse et de finance.

J'ai tâché de ne rien dire qui ne pût se comprendre sur-le-champ; et j'ai la satisfaction d'avoir été compris, comme je m'en suis convaincu par les notes et les rédactions qui m'ont été comuniquées et à l'aide desquelles j'ai retrouvé ma leçon, telle à peu près que je l'avais faite. D'après cela, il m'a paru qu'il pouvait être utile pour propager, au moins parmi la jeunesse des écoles, des connaissances d'un intérêt général et cependant si peu répandues, de recourir à la voie de l'impression.

2°. La question de l'amortissement est non-seulement une question *à l'ordre du jour*, mais une des plus importantes qui puissent s'agiter, et une de celles cependant sur lesquelles les esprits, dominés par des intérêts contraires, sont le moins d'accord. Or, n'ayant, ne pouvant avoir aucun intérêt personnel au maintien, ou à la suppression de l'amortissement, il m'a semblé que mon opinion offrirait du moins toute garantie d'indépendance et d'impartialité. Je dois ajouter que ce n'est qu'après un examen consciencieux de tout ce qui a été dit et écrit sur la matière, examen qui m'a fourni la preuve que la question avait été généralement mal posée et mal présentée jusqu'à ce jour ; ce n'est qu'après avoir lu et médité les rapports des commissions du budget, les discussions des Chambres, les articles et les brochures où elle a été traitée, que j'ai pris enfin parti. Si j'ai mis quelque chaleur à soutenir et à faire prévaloir l'opinion que j'ai embrassée, c'est qu'elle est le fruit d'une conviction profonde, et que l'intérêt public n'est pas étranger à ce débat.

PREMIÈRE PARTIE.

Messieurs,

L'amortissement est un fonds consacré à l'extinction de la dette publique par le rachat successif des rentes qui la constituent. L'objet principal et direct de l'amortissement est donc la libération de l'État.

Dans l'origine, les gouvernemens empruntaient aux particuliers en détail des sommes plus ou moins considérables; et ils s'engageaient à les leur rembourser par *annuités*, c'est-à-dire, comme le mot lui-même l'indique, d'année en année. Il y avait donc alors un terme fixe d'exigibilité en faveur du créancier : c'était l'enfance du crédit.

On en vint bientôt à emprunter, non plus à des particuliers isolés, mais à des réunions de capitalistes, sans aucune faculté ni aucun terme d'exigibilité du capital, et à condition seulement du service exact et régulier des intérêts : c'est la seconde période du crédit, c'est celle où nous nous trouvons.

Messieurs, si vous observez attentivement la marche des sociétés, vous verrez partout le crédit public s'affermir et se développer à mesure que le règne de l'intelligence remplace le règne brutal de la force, que la loi est substituée à l'arbitraire, la liberté au despotisme. C'est une vérité attestée par l'histoire de tous les temps, le crédit public n'a pas de plus grand ennemi que la violence et la tyrannie ; car il repose essentiellement sur la bonne foi, sur la fidélité aux engagemens, sur la sécurité des intérêts matériels et le respect de tous les droits.

Les gouvernemens, une fois entrés dans la période des emprunts non exigibles, ne crurent pouvoir se dispenser d'établir une caisse, dite *d'amortissement*, pour opérer par des rachats successifs et dans un délai déterminé l'extinction graduelle de leur dette, et finalement leur libération.

Ainsi, vous le voyez, l'amortissement est fils des emprunts, comme les emprunts eux-

mêmes sont fils de la nécessité, et, trop souvent aussi, de la prodigalité, d'une fausse
politique, et de systèmes erronés.

Messieurs, les banquiers qui prêtent aux gouvernemens, quelque riches qu'on les suppose,
ne possèdent pas les millions qu'ils promettent
de leur fournir; mais ils ont en France et à
l'étranger des *clients* (c'est le mot) qui s'engagent à prendre une part dans l'emprunt et à
fournir une portion du capital; et c'est ainsi
que ces banquiers parviennent à réunir les
sommes énormes sans lesquelles ils ne pour-
raient remplir leurs engagemens. D'ordinaire
même, les gouvernemens se contentent de
trouver en eux une solvabilité suffisante pour
répondre de la différence du taux auquel l'emprunt leur est adjugé, avec celui auquel il pourrait tomber si les valeurs promises n'étaient
pas réalisées.

Les banquiers, Messieurs, trouvent aisé-
ment des clients pour ces sortes d'opérations,
ils n'en ont jamais manqué; car, d'ordinaire,
les emprunts sont une source de bénéfices pour
ceux qui les fournissent, et une source de pertes, de sacrifices, pour ceux qui y ont recours.
Pour abréger, je n'en citerai qu'un exemple.

En 1817, un emprunt a été fait à 52 francs. Qu'est-ce à dire? Que l'état s'est reconnu débiteur pour chaque somme de 52 francs qu'il a reçue, de 100 francs en capital et de 5 francs d'intérêt par an, et pour chaque somme de 100 francs, de 192 francs 30 centimes en capital et d'un intérêt annuel de 9 francs 61 centimes. Ainsi le prêteur a reçu un intérêt de 10 pour 100 par an de son capital primitif, et a presque vu doubler ce capital. Ainsi l'État s'est reconnu débiteur, outre la somme qu'il a reçue, d'une somme imaginaire de 48 francs pour 52 francs, de 92 francs pour 100 francs; et il en a payé l'intérêt comme s'il l'avait reçue. Ajoutons que ces rentes émises à 52 francs, la caisse d'amortissement les a rachetées à des taux bien supérieurs, et dont le terme moyen est 82 francs. Jugez par là, Messieurs, de l'immensité des bénéfices réalisés par les banquiers, et de la perte éprouvée par le trésor.

Sans doute, à cette époque, la fortune de l'État inspirait peu de confiance; mais du moins on n'aurait pas dû perdre de vue ce grand principe : que dans les temps prospères il faut emprunter à faible intérêt, et que dans les circonstances difficiles il vaut encore mieux consentir à un intérêt élevé que de sacrifier quelque chose sur le capital, parce qu'au retour de temps meilleurs l'intérêt trop élevé peut être abaissé soit par réduction, soit par remboursement; tandis que, quand on a sacrifié une partie du capital, l'intérêt n'est pas moins élevé, quoique le taux en soit dissimulé, et dans ce cas on ne peut le réduire; intérêts et capital, tout est perdu.

Je dois ici, Messieurs, vous signaler en passant une manœuvre employée plus d'une fois par les banquiers, et non sans succès : un gouvernement a-t-il besoin d'argent; annonce-t-il l'intention de faire un emprunt; des banquiers se présentent aussitôt et se le font adjuger au taux le moins élevé qu'ils peuvent, par ex. à 65 pour 100, c'est-à-dire à condition que pour chaque somme de 65,000 francs qu'ils lui compteront, l'État se reconnaîtra débiteur envers eux d'un capital de 100,000 fr. : ils s'engagent à lui fournir, à ce taux, la masse énorme de capitaux, 5 ou 600 millions peut-être, dont il a besoin. Cependant, Messieurs, ils n'en ont pas la centième, la millième partie peut-être. Mais ils savent bien le moyen de se les procurer et de faire de gros bénéfices, même sans le secours d'aucune clientelle. Voici comment ils s'y prennent : à peine l'emprunt leur est-il adjugé qu'ils le font mettre en vente, pour leur compte, sur toutes les places de l'Europe; dans chacune de ces places, ils ont des affidés, des prête-noms, qui s'empressent d'en acheter des parties à des taux de plus en plus élevés; et, au moyen de ces achats et ventes répétés, où ils jouent eux-mêmes, par l'intermédiaire de leurs agens, le rôle d'acheteurs et de vendeurs, ils obtiennent bientôt une hausse marquée sur les valeurs de leur emprunt. Alors les gens de bonne foi, ceux qui ne sont pas dans le secret, arrivent, achètent à leur tour; et c'est avec les sommes fournies par ces derniers, que les banquiers font leurs versemens, et qu'ils réalisent des bénéfices de plusieurs millions.

Messieurs, c'est la loi du 28 avril 1816 qui a créé chez nous la caisse d'amortissement; elle l'a placée sous la surveillance de six commissaires, savoir : un pair de France, président, nommé par le roi, sur une liste de trois candidats présentés par la Chambre des pairs; deux députés, nommés également par le roi, sur une liste de six candidats présentés par la

Chambre des députés ; un président de la Cour des Comptes, désigné par le roi ; le gouverneur de la Banque de France ; et le président de la Chambre de commerce de Paris. Ces nominations et désignation sont faites pour trois ans, et les membres sortans sont rééligibles.

Elle l'a dotée de 20 millions de revenu par an, avec la condition que cette somme annuelle s'accroîtrait successivement des arrérages des rentes rachetées, qui seraient immobilisées et frappées d'un timbre portant ces mots : *Non transférable*. C'est donc à la caisse d'amortissement que l'État paie ces arrérages.

Toutefois, Messieurs, cette loi avait formellement réservé à l'État la faculté d'annuler les rentes rachetées par la caisse d'amortissement, aux époques et pour la quotité qui seraient déterminées par une loi ultérieure.

La loi du 1er mai 1825 a, en effet, prescrit l'annulation des rentes qui seraient rachetées depuis le 22 juin 1825 jusqu'au 22 juin 1830 ; et en conséquence 16,000,000 (en intérêts) de rentes rachetées ont été annulés. Mais depuis le 22 juin 1830, les rentes rachetées sont, comme auparavant, transférées et inscrites au nom de la caisse d'amortissement, qui en perçoit les arrérages.

Sa dotation primitive de 20 millions a été augmentée du double, et portée à 40 millions par la loi du 25 mars 1817. Cette loi y a même affecté, pour parer à des besoins éventuels, et en cas d'insuffisance des ressources ordinaires, non pas les revenus, qui sont réservés au trésor, mais la propriété des bois de l'État, qui a été transmise à la caisse d'amortissement.

Sa dotation a encore été successivement augmentée, savoir de :

1,665,050 par la loi du 18 juin 1828.

1,428,571 par les lois des 5 janvier et 25 mars 1831.

1,522,842 par celles des 25 mars et 18 avril 1832.

Ce qui porte actuellement sa dotation fixe et annuelle à   44,616,463 fr.

Il faut ajouter à cette somme celle de   48,473,157 fr. à laquelle s'élevaient, au 31 décembre dernier, les arrérages des rentes rachetées par la caisse d'amortissement, et qui lui sont servies ; ce qui donne un total de   93,089,620 fr.

C'est avec cette somme, composée, comme vous le voyez, de deux élémens distincts, que la caisse d'amortissement achète chaque jour des rentes au cours de la bourse, mais seulement celles qui ne sont pas au-dessus du pair; car la loi du 1er mai 1825 lui a imposé cette restriction, dont l'effet est aujourd'hui de l'obliger à racheter du 3 pour 100 à 77 et 78, équivalant à du 5 pour 100 à 128 et à 130 : elle emploie chaque jour environ 300,000 francs en rachats.

C'est par le moyen de ces rachats quotidiens et par le système des intérêts composés, que la caisse d'amortissement poursuit l'extinction de la dette publique perpétuelle, dont le capital, constitué, comme vous le savez, en rentes 5 pour 100, 4 et demi pour 100, 4 pour 100, et enfin 3 pour 100, s'élève à 3,819,495,184 fr.

C'est ici, Messieurs, le lieu de vous expliquer en quoi consiste le système des intérêts composés. Il consiste dans l'accumulation successive des intérêts; l'intérêt composé, en effet, est un intérêt accumulé chaque année pour être ajouté à son principal, et porter lui-même intérêt pour toutes les années suivantes. Ainsi, d'après ce système, la dotation de la caisse d'amortissement, qui est aujourd'hui de 93 millions, se trouvera augmentée, l'an prochain, du montant des arrérages des rentes qu'elle aura rachetées cette année; et ainsi de suite pour les années suivantes.

Peut-être, Messieurs, ne vous faites vous pas une idée assez haute de la puissance de l'intérêt composé. Elle est telle qu'une dotation d'un pour cent par an, s'accroissant successivement des intérêts du capital racheté, suffit pour éteindre, en trente-six ans, même en supposant les rachats au pair, une dette constituée en 5 pour 100. Ainsi, pour un emprunt de 100,000,000, le trésor, en payant annuellement 6 millions, savoir 5 millions pour les intérêts, un million pour la dotation de la caisse d'amortissement, obtiendra, en 36 ans, la libération totale de cette dette. Messieurs, j'insiste sur cet exemple, car il vous donnera la clef de tout ce système. L'État empruntant 100 millions, il lui faut 5 millions par an pour acquitter les intérêts de cet emprunt. Il établit donc un impôt dont le produit s'élève chaque année à 5 millions; eh bien! si, portant l'impôt à une somme un peu plus forte, à celle de 6 millions, il charge la caisse d'amortissement d'employer chaque année en rachats ce million d'excédant ; et si cette caisse y emploie avec ce million les arrérages des rentes qu'elle rachète, au bout de trente-six ans elle aura racheté le capital tout entier de l'emprunt. Telle est l'opération qu'exécute la caisse d'amortissement.

Mais il se présente ici une difficulté qu'il faut résoudre. La caisse d'amortissement, ai-je dit, ne peut racheter les rentes qu'autant qu'elles ne sont pas au-dessus du pair. Eh bien ! si toutes les rentes atteignaient et dépassaient successivement le pair, cette caisse ne serait-elle pas paralysée dans son action, ne se verrait-elle pas dans l'impossibilité absolue de continuer le cours de ses opérations ? Oui, sans doute ; mais voici la marche que l'on suit ou que l'on doit suivre en pareil cas. A mesure que chaque nature de rentes s'élève au-dessus du pair, preuve certaine que l'intérêt de l'argent baisse, on la convertit en une autre rente d'un intérêt moindre, ou bien on la rembourse. Ainsi, par exemple, le 5 pour 100 dépasse-t-il le pair, on le convertit en 4, ou, ce qui revient au même, on emprunte à 4 pour le rembourser, et la caisse d'amortissement reprend son action sur le nouveau fonds substitué à l'ancien,

BIBLIOTHÈQUE IMPÉRIALE IMPR.

jusqu'à ce que, l'intérêt continuant de baisser, le nouveau fonds lui-même ait atteint et dépassé le pair.

Alors on procède à son égard comme on a fait pour le cinq, on le convertit en 3 pour 100, ou on emprunte à 3 pour 100 pour le rembourser, et l'amortissement opère sur le nouveau fonds en 3 pour 100 qui remplace le 4, jusqu'à cequ'il soit lui-même au pair ; et ainsi de suite.

Vous voyez par là que, quel que soit le cours des effets publics, l'amortissement peut non-seulement se maintenir, mais exercer son action d'une manière continue tant que dure la dette, et ne cesser qu'avec elle, c'est-à-dire qu'après l'avoir complètement anéantie.

Je termine, Messieurs, par une considération à laquelle j'attache la plus haute importance, et que je recommande à toute votre attention : c'est que, indépendamment de l'action de la caisse d'amortissement, il y a trois causes générales et incessantes qui agissent sur les fonds publics, et qui tendent continuellement à dégrever l'État et les contribuables.

Ces causes sont :

1°. L'accroissement de la richesse sociale.

Chaque année, en effet, le pays se perce de routes, se creuse de canaux, s'enrichit de machines, de découvertes, d'industries nouvelles, de créations précieuses, qui se transmettent de génération en génération. Par là, avec l'aisance générale celle de chacun en particulier prend une extension nouvelle; et la charge dont chacun est grevé restant la même, se trouve nécessairement diminuée : car il est évident qu'augmenter la force du contribuable ou diminuer le poids qui pèse sur lui, c'est également le soulager, rendre sa charge moindre; Ce sont là deux moyens différens d'arriver à un résultat identique, à l'allègement de la charge, à sa réduction.

Voilà, Messieurs, le premier résultat de l'accroissement de la richesse générale; mais ce n'est pas le seul.

Avec l'aisance la solvabilité de chacun augmente : par là, d'une part, chacun trouvant dans ses propres ressources des moyens suffisans pour subvenir à ses besoins, au moins prévus, les emprunts sont moins recherchés; d'autre part, les prêteurs, courant moins de risques de perdre leur capital, en exigent un loyer moins élevé. De là, baisse forcée de l'intérêt; et, par suite, possibilité pour l'État de réduire sans aucun frais la charge des intérêts de sa dette, soit par des conversions volontaires, soit, si les créanciers, comme ils en ont le droit, s'y refusent, en empruntant, à un intérêt moins élevé que celui qu'il leur paie, le capital nécessaire pour les rembourser : opération toute simple, qui peut se renouveler chaque fois qu'il survient une nouvelle baisse dans le taux de l'intérêt, et qui a l'avantage de substituer à une dette dont l'intérêt est élevé une dette simplement égale et dont l'intérêt est moindre ; ce qui procure à l'État un bénéfice certain, évident, la libération d'une partie des intérêts.

2º. La baisse de l'intérêt, produit de la richesse générale, réagit efficacement sur elle, d'effet devient cause à son tour, et influe puissamment sur la prospérité du pays. Elle fait refluer les capitaux, toujours empressés de courir au meilleur placement, vers l'agriculture et l'industrie ; elle augmente ainsi la valeur des immeubles, et favorise la production et les entreprises qui la multiplient. Les capitaux, au lieu de s'accumuler en masse sur un point unique, où ils restent stagnans et improductifs, se répandent dans les divers canaux de l'industrie, et portent partout avec eux de nouveaux germes de richesse et de fécondité.

Grâce à la direction nouvelle qui leur est donnée, l'État voit grossir chaque année le chiffre de ses revenus. Il obtient bientôt un excédant de recettes sur ses dépenses; et cet excédant, signe certain de prospérité, peut être utilement consacré à des dégrèvemens d'impôts, ou versé à la caisse d'amortissement pour être employé à l'extinction de la dette par des rachats successifs.

3°. Messieurs, la dernière cause de réduction naturelle de la dette que j'ai à vous signaler, c'est la dépréciation successive des métaux par leur multiplication et par l'augmentation des valeurs de banque et des papiers négociables. Certainement 100 francs n'ont pas aujourd'hui la même valeur qu'il y a cent ans. Pourquoi? parce qu'aujourd'hui le numéraire est plus abondant qu'il y a cent ans, et que plus la marchandise abonde, moins elle a de valeur. Certainement encore, cent francs n'ont pas autant de valeur, à beaucoup près, en Angleterre qu'en France. Pourquoi? parce qu'en Angleterre le numéraire, les billets de banque, le papier de crédit, sont plus abondans encore qu'en France. Ainsi, par la même raison, dans cent ans ou deux cents ans, la dette de l'État, restant la même quant au chiffre, sera réellement moindre; l'État, quoique devant à ses créanciers la même somme numérique, leur devra réellement moins.

Par conséquent, le poids de la dette publique actuelle, quand même le chiffre n'en serait pas diminué, se trouvera beaucoup plus léger pour nos descendans que pour nous.

SECONDE PARTIE.

Messieurs, à la dernière séance, je vous ai exposé l'origine de l'amortissement, la législation qui le régit, son mécanisme, son but et ses effets; mais je n'ai rempli que la moitié de ma tâche. Il me reste maintenant à rechercher, avec vous, si l'amortissement est une institution utile ou nuisible, salutaire ou funeste.

Dans l'examen de cette grave question, sur laquelle les hommes les plus habiles en finances sont divisés d'opinion, et qui a donné lieu à tant de dissentimens éclatans, je ne me laisserai préoccuper ni par des discussions récentes, ni par des préjugés trop long-temps accrédités. Mû par l'intérêt seul de la vérité, c'est à la découvrir que tendront tous mes efforts. Obligé de me circonscrire dans des limites étroites, je ne pourrai guère vous signaler que les points culminans et les plus dignes d'attention ; mais du moins il en résultera pour vous la conviction que c'est aux lois positives, aux lois de finances surtout, qu'il faut demander des améliorations que la métaphysique parlementaire ne saurait réaliser.

Messieurs, qu'allègue-t-on en faveur de l'amortissement? Quels argumens produit-on à l'appui de cette institution? Voici, en résumé, toutes les raisons qu'on fait valoir.

La France, dit-on, bien différente de l'Angleterre protégée par son isolement au milieu des eaux, par sa position insulaire, qui la rend invulnérable et la soustrait aux influences du continent, la France, dit-on, est un pays ouvert, soumis à toutes les variations, à toutes les vicissitudes de la politique européenne, aux chances d'une invasion. Il faut donc avoir présent à l'esprit le cas d'une guerre, d'une invasion subite, et tenir en réserve une ressource toujours et immédiatement disponible : or, cette ressource l'amortissement la fournit ; car il place sous la main du gouvernement de nombreux millions dont il peut disposer du soir au lendemain, sans recourir à l'impôt ni à l'emprunt.

En second lieu, continue-t-on, si cette réserve se trouvait insuffisante, il faudrait bien y suppléer ou par l'impôt ou par l'emprunt. L'impôt ne pourrait fournir les sommes réclamées par la gravité des circonstances ; il faudrait donc recourir aux emprunts. Mais, à la veille ou au milieu d'une guerre, comment trouver des prêteurs ? Sans l'amortissement on ne pourrait y parvenir. Avec l'amortissement ce serait chose facile ; car, on le sait, l'État paie à la caisse d'amortissement les arrérages des rentes rachetées, arrérages qui s'élèvent actuellement à près de 5o millions par an, et lorsqu'on offrirait de servir aux prêteurs cette somme à titre d'intérêts, ils ne refuseraient pas leur argent en présence d'une pareille garantie.

Mais d'abord, Messieurs, quant à la ressource immédiatement disponible qu'offrirait la dotation de la caisse d'amortissement, on oublie que cette caisse ne touche, comme les rentiers, les arrérages de ses rentes qu'aux époques de paiement ; qu'elle dépense chaque jour une partie de sa dotation, dont la quotité fixe, elle-même, ne lui est payée qu'au fur et à mesure de ses rachats, ou plutôt, pour parler avec une rigoureuse exactitude, par douzième, qu'au surplus, ce fonds, fût-il plus fort qu'il ne l'est, fût-il tout entier et immédiatement disponible, ne pourrait jamais tenir lieu du capital d'un emprunt tel que les circonstances dans lesquelles on se place l'exigeraient.

Ensuite l'affecter, comme on le dit, au service des intérêts d'un emprunt, en changer brusquement la destination et au milieu de circonstances critiques, ce serait, dans le système de ceux qui font cette objection sans s'apercevoir qu'elle se retourne contre eux, affaiblir le crédit ébranlé, alarmer les rentiers, éloigner les prêteurs; car, en affectant ce fonds aux prêteurs du moment, on ôterait aux précédens la garantie du remboursement, et rien ne répondrait à ceux dont on voudrait ainsi obtenir l'argent, qu'on ne les déshériterait pas bientôt eux-mêmes pour d'autres : on irait donc précisément contre le but qu'on voudrait atteindre.

D'ailleurs, qui ne voit que ceux qui n'auraient pas confiance dans la destinée de l'État, qui douteraient du succès de la lutte dans laquelle il se trouverait engagé, ne s'arrêteraient pas à une considération d'un ordre aussi secondaire que la ressource d'un fonds d'amortissement, et qu'ils seraient peu rassurés par l'affectation qu'on en ferait à leur créance.

Aussi, a-t-on soin d'ajouter immédiatement que l'amortissement, considéré sous un point de vue plus général, garantit en tout temps à l'État la faculté de contracter des emprunts par la certitude offerte aux prêteurs de rentrer après un certain temps dans leur capital, qu'ils ne peuvent exiger, et par la réduction successive de la dette, qui sans cela s'accroîtrait dans une effrayante proportion.

— Enfin, on ne manque pas de présenter l'amortissement comme un excellent moyen de soutenir le cours des rentes, de prévenir par des rachats quotidiens, qui donnent toujours un acheteur à ceux qui sont pressés de vendre, une trop grande dépréciation de ces valeurs.

Voilà, Messieurs, le système des défenseurs de l'amortissement. Il est, comme vous le voyez, fort spécieux; et il semble, au premier abord, qu'il puise dans la série de raisonnemens et de considérations que je viens de vous retracer, non moins que dans la puissance de l'intérêt composé, une force irrésistible, une autorité qui subjugue. Mais, à vrai dire, tout ce système repose sur une confusion d'idées qui, je le crois, n'a pas peu contribué, jusqu'à ce jour, à obscurcir la question. Cette confusion consiste à présenter sans cesse comme des argumens à l'appui de l'amortissement, des argumens qui ne militent que pour les emprunts.

Les emprunts, Messieurs, il faut bien le reconnaître, quoiqu'on ait trop souvent abusé de la facilité qu'ils donnent de se procurer de l'argent, les emprunts sont une nécessité; on ne peut pas plus s'en passer que de canaux, d'armées, de places fortes, de munitions de guerre. Lorsqu'une dépense extraordinaire est urgente, il n'y a, en effet, que deux moyens d'y pourvoir, l'emprunt ou l'impôt. L'impôt serait insuffisant pour subvenir à des besoins extraordinaires ; où en serions nous, Messieurs, si, dans nos jours d'épreuve, il nous eût fallu prélever sur les contribuables, à mesure que l'impérieuse et inexorable nécessité s'en est fait sentir, les capitaux des rentes dont se compose la dette publique actuelle ? Je vous le demande, aurait-on pu les obtenir ? Non certainement; on n'aurait même pu le tenter sans épuiser les ressources de l'État, sans aller jusqu'à la destruction des fortunes particulières, jusqu'à la confiscation. L'insuffisance de l'impôt pour faire face à des besoins extraordinaires, est donc une vérité démontrée ; l'emprunt reste seul pour y pourvoir.

Mais chacun de ces deux modes fût-il également possible et praticable en soi, le mode d'emprunt serait encore de beaucoup préférable à celui d'impôt ; car, d'une part, l'emprunt n'enlève aux contribuables que les intérêts de la somme empruntée, tandis que l'impôt leur enlève un capital, et par conséquent il les prive tout-à-la-fois de ce capital lui-même, et avec lui de son revenu ; d'autre part, l'impôt est brutal, forcé, il prend aveuglément et partout, sans s'informer si les capitaux sont utiles ou non ; tandis que l'emprunt ne reçoit que les capitaux qui viennent s'offrir, qui n'ont pas d'autre ou de meilleur emploi : il laisse aux capitaux actifs et intelligens toute leur valeur, et il en donne aux capitaux inhabiles et inertes.

La question se réduit donc à savoir, non pas si le mode d'emprunt est utile ou non, s'il est ou non préférable à l'impôt, c'est un point qui est désormais hors de toute controverse, mais s'il est possible de réaliser des emprunts sans l'amortissement, si cette garantie offerte aux prêteurs n'est pas le seul, ou au moins le plus

sûr moyen d'obtenir leur confiance et leur argent.

S'il en est ainsi, Messieurs, je le déclare, il
faut maintenir l'amortissement et bien se gar-
der d'y toucher; car on ne saurait éviter avec
trop de soin, de scrupule même, tout ce qui
pourrait compromettre, soit dans le présent,
soit dans l'avenir, l'exercice de cette précieuse
faculté d'emprunter, dont je viens de faire res-
sortir et de vous signaler les avantages.

Mais, avant d'examiner ce qu'il faut penser
de cette objection, écartons-en sur-le-champ
une autre moins sérieuse, tirée du moyen que
fournirait l'amortissement de soutenir le cours
de la rente

J'écarte cette objection, d'abord, par la considération que, fût-elle fondée en elle-même,
elle ne s'appliquerait tout au plus qu'à des circonstances où le crédit serait mal affermi et la
baisse toujours à craindre, circonstances rares
et exceptionnelles; mais quand le cours de la
rente est ascendant, l'action de l'amortissement
est non-seulement inutile mais nuisible, car
elle oblige la caisse à faire ses rachats à des
taux élevés, par conséquent à se nuire à elle-
même. J'ajoute ensuite que pour quiconque

connaît l'énormité des opérations qui se traitent chaque jour à la Bourse de Paris, il est manifeste que l'action de la caisse d'amortissement y est à peine sensible. Pour combien croyez-vous en effet qu'il se fasse par jour d'opérations à la Bourse de Paris? Pour 3o, 4o, 5o millions peut-être? Non, Messieurs; pour 8o millions. Je le demande, quelle peut être sur cette masse l'influence des 3oo,ooo francs de la caisse d'amortissement? Évidemment, elle est nulle ou à peu près. C'est un ruisseau qui vient tomber et se perdre dans l'Océan.

Écartons donc cette objection peu sérieuse, je le répète, et bonne tout au plus pour ceux qui ne connaissent pas le mouvement des fonds publics. Attachons-nous à la véritable, à la seule objection : sans le rachat successif de la dette publique par la caisse d'amortissement et au moyen d'impôts, cette dette, allant toujours croissant, ne deviendrait-elle pas à la fin, par son énormité, un épouvantail qui rendrait tout nouvel emprunt, sinon impossible, du moins fort difficile et fort onéreux pour l'État? Non, Messieurs; et je vais vous le démontrer.

Rappelez-vous d'abord qu'il existe deux et même trois causes de réduction de la dette incessamment agissantes, et qui ne coûtent rien aux contribuables, savoir : 1° l'accroissement de la richesse générale qui, en augmentant l'aisance de chaque contribuable en particulier, rend plus léger le prélèvement qu'il est obligé de souffrir sur ses revenus pour le service des intérêts de la dette. 2° L'abaissement graduel de l'intérêt de l'argent, résultat inévitable de l'accumulation des richesses, et qui permet de réduire la charge des intérêts de la dette publique, soit par conversion, soit par remboursement; remboursement que rendent alors facile des emprunts contractés à un intérêt moindre que celui payé par l'État aux créanciers qu'il rembourse, ce qui le libère d'autant. 3° La dépréciation du numéraire par sa multiplication successive et par l'abondance toujours croissante des valeurs de banque, des papiers de crédit et de circulation.

Ces causes naturelles de réduction de la dette ne sont-elles pas suffisantes? N'est-ce pas là un amortissement réel et satisfaisant? Faut-il y joindre encore un fonds spécialement consacré au rachat, et alimenté par des impôts?

Posons un principe certain, et que personne ne sera tenté de contester : c'est que tout ce qui est utile et avantageux à l'État, tout ce qui augmente sa stabilité, sa richesse, ses ressources, augmente, étend son crédit; que tout ce qui est de nature, au contraire, à compromettre sa sûreté, à diminuer ses ressources, à l'appauvrir, altère son crédit et finit bientôt par l'éteindre.

Cela posé, il ne s'agit plus que de rechercher si l'amortissement est une source de bénéfices ou de pertes pour l'État, s'il accroît ou diminue sa richesse. Or, la question ramenée à ces termes, qui en sont l'expression la plus simple et la plus vraie, est facile à résoudre.

Il est aisé de voir, en effet, que l'amortissement, tel qu'il est constitué et doté, cause à l'État un préjudice réel et notable. Il détruit pour lui l'avantage de l'emprunt, en lui en faisant néanmoins subir les inconvéniens; et il le prive en même temps de ce qu'il peut y avoir de moins onéreux dans l'impôt, tout en lui en faisant supporter la charge; et en l'aggravant même : de sorte que, grâce à l'amortissement, l'État subit les inconvéniens cumulés de ces deux modes, sans avoir les avantages ni de l'un ni de l'autre.

Démontrons la vérité de cette proposition

et rendons-la sensible pour tous. Quel est l'a-
vantage de l'emprunt ? de procurer à l'État,
en ne le grevant que du service des intérêts,
un capital, et un capital qui était oisif et sans
emploi. Eh bien ! si, après avoir emprunté ce
capital, on impose ensuite pour l'amortir,
qu'est-ce autre chose, sinon détruire d'un
côté ce qu'on a fait de l'autre, sinon, ce qui
est précisément l'inverse de l'emprunt, qui
donne un capital pour des intérêts, se dessaisir
d'un capital, et d'un capital utilement employé,
pour se libérer d'une simple charge d'intérêts ?
c'est-à-dire qu'on annule l'avantage de l'emprunt. Et l'on en supporte les inconvéniens ;
car on se trouve plus pauvre de tous les bénéfices (et ils ne sont pas modiques) réalisés
par les banquiers, de toute la différence du
prix du rachat à celui de l'émission, différence
énorme, qui s'est trouvée quelquefois de plus
de 20, de 30, de 40 pour 100.

Voilà donc la première partie de ma proposition démontrée ; passons à la seconde.

En quoi l'impôt est-il moins onéreux que
l'emprunt ? C'est uniquement en ce qu'il dis-
pense de l'entremise des banquiers, qui d'ordinaire font payer cher leurs services. Eh bien !

on a volontairement renoncé à cet avantage, puisqu'on a commencé par emprunter, c'est-à-dire par avoir recours aux banquiers. Et l'on supporte néanmoins tous les inconvéniens de l'impôt ; car non-seulement on retire des mains des contribuables un capital productif, mais pour l'en retirer on sacrifie 10 pour 100, 12 pour 100 en frais de perception. (Ces frais ne sont pas moindres, en effet, de 12 pour 100, sans compter les non-valeurs.) D'où il résulte que sur 100 fr. payés par les contribuables, 88 au plus arrivent dans les caisses du trésor et concourent à l'amortissement.

Comment, je le demande, une opération aussi funeste à l'Etat, aussi désastreuse, pourrait-elle affermir son crédit? Cela n'est pas possible : le crédit d'un État, comme celui d'un particulier, dépend avant tout de la bonne gestion de ses affaires et du bon emploi des capitaux qui lui sont confiés : c'est là sa véritable base ; toute autre est fausse et illusoire.

Que sera-ce maintenant, Messieurs, si l'on considère qu'avec ce déplacement d'un capital productif, ces frais énormes de perception, cette différence du taux de l'emprunt à celui du rachat, ces millions de bonification payés aux banquiers, l'État ne retire aucun soulagement de l'impôt consacré à l'amortissement ! Il n'en retire aucun, Messieurs, car il paie à la caisse d'amortissement les arrérages de rentes qu'elle rachète, et ne fait, sous ce rapport, que changer de créancier. C'est donc une charge exorbitante, et c'est de plus une charge sans compensation !

Mais, dit-on, il faut songer à l'avenir, c'est pour lui qu'on travaille. Messieurs, l'avenir, comme nous l'avons déjà vu, trouvera un allégement naturel et suffisant dans la baisse de l'intérêt, dans l'accroissement de la richesse générale, dans la dépréciation du numéraire. Mais, d'ailleurs, qui ne voit que si, au lieu d'amortir, on eût consacré les millions qui y ont été consommés, à de grands travaux d'utilité publique, on eût obtenu des résultats d'une bien autre importance et pour le présent et pour l'avenir. Avec ces millions on aurait sillonné la France de canaux, de routes, on l'aurait couverte, comme l'Angleterre, de chemins de fer. Et quand on songe qu'avec un chemin de fer on pourrait aller en 20 heures de Paris à Bordeaux, qu'on pourrait établir une si rapide communication entre les

grands centres de consommation et les produc-
tions de chaque localité, qui, faute de débou-
chés, dépérissent sur les lieux ou sont vendues
à vil prix, on comprend les avantages immenses
qui en seraient résultés. Avec ces millions, dis-
je, on aurait changé, renouvelé la face du pays:
de là un accroissement rapide et progressif de
richesse, tel que nos successeurs y auraient
cent fois plus gagné qu'à être libérés du service des rentes amorties. Et pour nous-mêmes,
quel riche fonds de production! quelle source
de revenus, de crédit, de puissance! Et tout
cela sans aucun des sacrifices que nous impose
l'amortissement!

Mais en supposant même que pour soulager
un peu le présent, qui fait seul tous les frais de
l'amortissement, on annulât les rentes au fur et
à mesure des rachats, comme cela me paraît
tout-à-fait indispensable, qu'on cessât à l'instant même d'en payer les intérêts, mon raison-
nement n'en conserverait pas moins toute sa
force. C'est à la suppression radicale de tout
fonds d'amortissement, que je suis logique-
ment amené à conclure; car, sans parler de
la perte qui en résulte en frais de perception et
autres, que serait l'avantage de ne pas servir les

rentes rachetées, en comparaison de celui que produirait pour nous et pour nos neveux l'emploi de tant de millions, s'ils étaient consacrés à des travaux utiles, à de grandes entreprises, qui, achevées au profit de la génération présente, recréeraient d'avance pour les autres, qui en profiteraient à leur tour, le capital qui y aurait été dépensé?

Tout ce qu'il me serait possible de concéder, c'est que dans des temps de prospérité, lorsqu'on a un excédant de revenus, excédant qui se trouve amené tout naturellement et sans nouveaux frais par cette prospérité elle-même, on pourrait l'employer avec discernement à éteindre une partie de la dette, afin de prévenir l'accumulation onéreuse d'intérêts qui pourrait à la longue résulter d'emprunts successivement renouvelés et pour des emploies improductifs, tels que les frais d'une guerre, d'une invasion, des contributions frappées par l'ennemi, etc.

Mais ce que je n'admettrai jamais, c'est que dans un temps de gêne, quand on est obligé d'emprunter et à des taux onéreux pour subvenir à ses besoins présens, on doive augmenter ses impôts ou ses emprunts pour opérer, sous forme de rachats, des remboursemens auxquels on n'est pas obligé et qu'on pourrait renvoyer à un temps plus opportun. Emprunter d'un côté 100 millions, par ex., pour les employer, de l'autre, en remboursemens, qu'est-ce autre chose, Messieurs, sinon, sans rien changer au chiffre de sa dette, se grever en pure perte de tous les frais de cette double opération ? Et voilà pourtant ce que l'on fait aujourd'hui !

Il est, Messieurs, une dernière considération qui a ébloui et séduit de bons esprits. J'ai à cœur d'y répondre, et de la réduire à sa juste valeur ; la voici :

La dotation de la caisse d'amortissement, dit-on, n'est que d'un pour 100 du capital de la dette. Cet 1 pour 100, réparti sur la masse entière des contribuables, est pour chacun d'eux un impôt léger ; et cependant on obtient par ce moyen un résultat immense, l'extinction totale de la dette en trente-six ans. N'est-ce pas un ample dédommagement du sacrifice qu'on s'impose?

Messieurs, c'est mal raisonner. Pour peu qu'on y regarde de près, on s'aperçoit qu'il n'y a pas d'impôt *léger*. Un impôt, fût-il minime en lui-même (et tel n'est pas l'impôt consacré à l'amortissement, puisqu'il est actuellement de 93 millions et qu'il se grossit chaque année des arrérages des rentes rachetées), est toujours un fardeau assez lourd pour la plupart de ceux qui le supportent. Ainsi, par ex., une augmentation d'un pour 100 sur le chiffre des contributions, paraît certes peu de chose. Eh bien ! c'est beaucoup ; car elle frappe sur des contribuables déjà grevés d'impôts fort lourds, et cette aggravation, bien qu'elle soit légère en elle-même, venant s'ajouter à une charge déjà très-pesante pour eux, peut la rendre excessive, accablante : c'est la goutte d'eau qui fait déborder un vase déjà plein. Pour se faire une idée vraie d'un impôt, il faut le considérer, non pas isolément et en lui-même, mais comparativement aux autres charges dont il est un surcroît, et aux forces de ceux sur lesquels il va peser cumulativement avec ces charges. Alors, Messieurs, on comprend que chaque fraction ajoutée à l'impôt peut successivement écraser une certaine catégorie de contribuables, en commençant par les plus pauvres.

Ce n'est pas tout. Si nous considérons l'impôt sous un point de vue plus général et plus vaste, nous serons encore plus frappés de ses inconvéniens.

Il est dans la nature de l'homme de chercher à augmenter son bien-être, ses commodités, ses jouissances, d'y consacrer une partie de ses revenus. Or, plus l'impôt lui prend, moins il lui reste à consommer pour son bien-être. De là non-seulement gêne et privation pour lui, mais perte pour l'État: car chaque pièce de monnaie dépensée pour la consommation donne à la production un degré de plus d'activité; et, avec la production, on voit s'étendre les moyens d'existence d'une foule d'individus, se multiplier les transactions de toute espèce, les établissemens, les entreprises de tout genre. De là un redoublement d'activité dans toutes les branches du commerce et de l'industrie. De là enfin un accroissement des revenus publics, une augmentation de la richesse générale et privée.

Messieurs, depuis quinze ans le crédit public a fait en France de rapides progrès; mais il a été entravé dans son développement par des commotions politiques et par une fausse appréciation de ses véritables élémens. Imposer pour amortir a été la pensée dominante, l'unique préoccupation des gouvernans; et l'on n'a point compris que ce mode de remboursement était ruineux pour l'État. Faut-il s'en étonner? Non, sans doute. On cédait en cela à un préjugé financier qui nous avait été importé de la Grande-Bretagne. Mais aujourd'hui que l'Angleterre elle-même, faisant un salutaire retour sur le passé, a supprimé son fonds d'amortissement et ne consacre plus à l'extinction de sa dette que l'excédant de ses revenus, qu'on cesse de préconiser un système qui, bien loin de rendre l'Angleterre florissante et heureuse, a jeté dans son sein, par la détresse des classes inférieures, un malaise profond, un germe de déchiremens et de convulsions.

Qu'on se montre propice et secourable à tous, qu'on s'occupe de l'amélioration du sort de tous et de chacun, qu'on satisfasse tous les intérêts, tous les besoins légitimes, qu'on introduise dans l'administration les réformes dont la nécessité est reconnue, qu'on allège les impôts qui pèsent le plus sur la classe pauvre et souffrante, et l'on aura fondé le crédit public sur ses véritables bases.

FIN.

www.ingramcontent.com/pod-product-compliance
Lightning Source LLC
Chambersburg PA
CBHW061643060726
47597CB00005B/2040